I0155042

LE BARON DE TRENCK,

PIECE HISTORIQUE,

EN TROIS ACTES,

EN VERS LIBRES, MÊLÉE DE MUSIQUE.

Représentée à Paris le 25 Mai 1788.

PAR M. MAYEUR.

Prix 1 l. 4 f.

A PARIS,

Chez BELIN, Libraire, rue Saint-Jacques, près
St. Yves, & chez les Marchands de nouveautés.

M. DCC. LXXXVIII.
Avec approbation & permission.

Yth

AU BARON
DE TRENCK,

---

*T*OI, *qu'un fort rigoureux pourſuivit trente*
  années ,

Victime des méchans & jouet de l'erreur ,

O toi ! dont le récit des dures deſtinées

A pénétré mes ſens & ſoulevé mon cœur ,

 Vieillard illuſtre , au printems de mon âge ,

 Quand je te rends , dans ce léger ouvrage ,

  Tous les honneurs qui te ſont dus ,

  TRENCK , daigne recevoir l'hommage

  Que ma plume offre à tes vertus !

a

FRÉDÉRIC TROIS, que l'équité seconde,

Te fait rentrer dans tous tes droits.

Ah! puissent tes malheurs, pour le bonheur du

monde,

Servir de leçon à nos Rois.

AVERTISSEMENT.

IL eſt donc vrai que le ſuccès fait toujours naître la jalouſie, & que la carriere des Lettres, qui paroît d'abord jonchée de fleurs aux yeux du jeune Littérateur, lui préſente bientôt plus d'épines que de roſes ?

L'indulgence avec laquelle le public a reçu cette Piece m'a attiré mille jaloux, mille critiques. Les uns condamnoient la texture de mon ouvrage, les autres auroient voulu que j'euſſe préſenté ſur la ſcene tous les incidens qu'offrent les *Mémoires* que j'ai mis en action. D'autres, enfin, & ceux-là étoient de beaux-eſprits, s'écrioient, en voyant repréſenter ma Piece : AH ! CE N'EST PAS CELA ! J'AURAIS FAIT TELLE CHOSE, J'AURAIS EMPLOYÉ TELLE SITUATION. — Eh ! Meſſieurs, diſais-je, tout bas : la paix ; chacun fait à ſa fantaiſie,

chacun voit à sa maniere. Vous auriez assuré-
ment mieux fait que moi ; j'en conviens : cepen-
dant pourquoi suis-je le premier qui se soit ima-
giné de mettre ce sujet au théâtre ? Votre plume
savante , & plus exercée que la mienne , vous
auroit, sans contredit, valu un succès que mon
foible travail vous ravit. Ah ! soyez sinceres ;
avouez que votre imagination, toute brillante &
toute féconde qu'elle est , ne vous a point fourni
les moyens de tirer parti de ces MÉMOIRES
intéressans ; que les malheurs de l'infortuné
BARON DE TRENCK , si multipliés & si
attendrissans dans leurs récits, ne vous ont point
paru faciles à réunir dans le court espace d'une
action théâtrale ? Alors , loin de me critiquer ,
pour le plaisir de dire du mal, vous me saurez
quelque gré d'avoir resserré en trois actes les
principaux faits de la vie du BARON DE
TRENCK , & d'avoir créé quelques incidens
épisodiques , pour que toutes les scenes se trou-
vassent liées les unes aux autres.

Préfenter chronologiquement toutes les aventures qui lui font arrivées dans les différens lieux qu'il a parcourus, ce n'aurait été offrir qu'une lanterne - magique infipide & fans intérêt. TRENCK fugitif, n'eft pas toujours malheureux; & il ceffe d'intéreffer dès qu'il ne fouffre plus. L'art étoit de graduer fon infortune. J'ai fenti cette néceffité; j'ai vu l'écueil qui m'attendoit en m'y prenant d'une autre manière. Auffi, me fuis-je dit, avant de travailler : *Il faut à une Piece de théâtre, une expofition, un nœud & un dénouement. Faifons trois Actes. Je préfenterai dans le premier mon Héros enivré du bonheur dont il jouit auprès de fon Roi, lorfque ce Prince lui donne le titre flatteur de MATADOR de fa jeuneffe. Au fecond Acte, il fera déja la proie de la haine; fon infortune ira en croiffant jufqu'à la fin de cet acte. Au troifieme, elle fera à fon comble; & mon action finira par la conviction de l'innocence du BARON, & la réhabilitation de cet illuftre malheureux.*

C'eſt d'après ce plan que j'ai écrit ma Piece. J'ai bien vu que je ne pouvais conſerver les regles qu'impoſe Ariſtote, qu'il falloit me priver des trois unités. Alors je me ſuis trouvé arrêté. Mais réfléchiſſant que nos meilleurs Auteurs lyriques avoient ſouvent réuſſi en ſecouant ce joug, enhardi par leur exemple, j'ai travaillé ; & nombre de mes Lecteurs verront aiſément au rithme de quantité de mes vers, & à la foibleſſe du ſtyle, que cette Piece étoit deſtinée à être miſe en muſique. mais un léger inconvénient m'ayant empêché de faire repréſenter mon ouvrage ſur un des premiers théâtres de la capitale (dont j'ai tant à me louer de l'honnêteté des premiers ſujets), je me ſuis décidé à le faire jouer ſur un théâtre ſubalterne, où j'ai dû, en partie, mon ſuccès au jeu de l'Acteur chargé du Rôle du BARON DE TRENCK. Je dis en partie, parce que je compte mon travail pour ſi peu, qu'appellé encore par des Spectateurs indulgens à la dix-ſepticme

repréſentation, je dis : « QUE M'ÉTANT PLU A
» OFFRIR SUR LA SCENE LA VERTU SOUF-
» FRANTE ET MALHEUREUSE, J'ÉTOIS BIEN
» CERTAIN D'OBTENIR LE SUFFRAGE DES AMES
» HONNÊTES ET SENSIBLES. »

Ainſi, Meſſieurs les détracteurs de tout talent,
Meſſieurs les jaloux de la félicité d'autrui, quelle
part de bonheur avez-vous maintenant à m'en-
vier, lorſque je conviens, comme je le dois,
que le ſujet que j'avais à traiter & le jeu des
Acteurs, m'ont mérité ſeuls les faveurs du public?

Nota. Cette barre — indique les endroits
du dialogue coupés par la muſique.

PERSONNAGES.

LE BARON DE TRENCK , Officier de Cavalerie.
EUGÉNIE , Maîtreffe du Baron.
THINSKI , Colonel de Cavalerie.
SCHELL ,
TRUSTEN , } Officiers d'Infanterie.
BACH ,
DEUX SOLDATS , ivres.
DEUX PORTE-CLEFS.
UNE VIVANDIERE.
LE PERE DE SCHELL.
LA MERE DE SCHELL.
LE GÉNÉRAL D'ARMÉE.
PLUSIEURS OFFICIERS , perfonnages muets.
DEUX SERRURIERS , perfonnages muets.
TROUPE DE SOLDATS , DE VIVANDIERS
ET DE VIVANDIERES.

La fcene fe paffe en Allemagne.

LE

LE
BARON DE TRENCK,

ACTE PREMIER.

Le théâtre repréfente un camp.

SCENE PREMIERE.

*Plufieurs Soldats, Vivandiers & Vivandieres forment
une danfe grivoife.*

SCENE II.
LES MÊMES, UN BAS OFFICIER.

LE BAS OFFICIER.

CAMARADES, ceffez vos jeux, faites filence ;
Nos Officiers viennent ici.
A grands pas chacun d'eux s'avance ;
Trenck les précède ; le voici.
(*Les Soldats fe mettent fous les armes.*)

A

SCENE III.

LE BARON DE TRENCK, *décoré d'un ordre militaire*, TRUSTEN, THINSKI, *plusieurs Officiers, troupe de Soldats qui suivent Trenck, & se rangent en demi-lune sur la scene.*

TRENCK, *aux Officiers.*

Non, mes braves amis, rien n'égale l'ivresse
  Que je ressens en cet instant heureux,
   Lorsque je lis dans vos yeux,
Que vous prenez tous part à ma juste alégresse !
   Ah ! voilà des grands cœurs,
Que la valeur conduit, la marque noble & chere ;
En recherchant la gloire elle invite à bien faire,
Et voit, sans nul dépit, dispenser les honneurs.

TRUSTEN.

Vous nous rendez justice ; oui, Trenck, sans flatterie,
  Nous applaudissons tous au don
Que le Prince aujourd'hui vous fait de ce cordon.
On doit récompenser qui sert bien sa patrie.

THINSKI, *à part.*

Ses succès, chaque jour, comblent ma jalousie !

TRENCK.

Ce bienfait de mon Roi me devient plus flatteur
Depuis que l'amitié partage mon bonheur. —

 AIR : *Déja la trompette guerriere.* (*Huit mesures.*)

Qu'il eſt doux pour un guerrier,
Brûlant de l'amour de la gloire,
De cueillir un beau laurier
Dans les champs de la victoire. —

(7 *meſures.*)

T R U S T E N.

Sa valeur eſt ſon bouclier,
Son nom vit dans la mémoire. —

(4 *meſures.*)

T H I N S K I, *à part.*

Il ignore la tempête
Que je dirige contre lui ;
Si le Roi me croit, aujourd'hui,
Elle éclatera ſur ſa tête. — (8 *meſures.*)

T R E N C K.

Quel beau jour qu'un jour d'aſſaut,
Pour un cœur belliqueux, plein d'ardeur ! Auſſi-tôt
Que la trompete éclatante,
La clarinette bruyante,
Mêlent leurs ſons dans les airs
Aux feux brillans des éclairs
De la bombe foudroyante. — (1 2 *meſures.*)

❧

C'eſt en vain que l'ennemi
Oppoſe de la réſiſtance ;
Le Soldat affermi
Par la noble aſſurance

Du chef qui le conduit,
En bon ordre s'avance,
Sur la brêche s'élance,
Avec fureur poursuit,
Parmi le fer & la flamme,
L'ennemi qui réclame
La clémence du vainqueur,
Qui s'applaudit de sa valeur. —

(15 *mesures.*)

❖

(*Aux Soldats.*)

Vous, braves compagnons de mes derniers travaux,
Et dont les efforts nouveaux
Viennent de m'obtenir ce cordon de mérite,
Permettez qu'envers vous aujourd'hui je m'acquitte ;
En vous diftribuant tout l'or que m'a valu
Cette expédition, où l'ennemi vaincu,
Nous abandonna fes richeffes.
Quand mon Roi me comble d'honneurs
Pour avoir triomphé, grace à mille proueffes
De mes Soldats vainqueurs ;
Sans doute, ils doivent tous partager mes largeffes.
(*Le tambour bat l'affemblée.*)

Mes amis, ce fignal annonce le devoir :
Raffemblez-vous, prenez vos armes ;
Montrons à l'ennemi, dans le fein des alarmes,
Que le vaincre ou mourir eft notre feul efpoir.

(*Pas redoublé. On déploie les drapeaux ; Trenck fort à la tête de fa troupe.*)

SCENE IV.

THINSKI, *seul, & suivant Trenck de l'œil.*

C'est en vain que tu crois échapper à ma rage :
Ta fortune a porté le poifon dans mon cœur ;
Il me fouvient encore, imprudent, qu'à ton âge,
Tu voulus, dans ce camp, provoquer ma valeur.
Nous fûmes féparés, mais la haine me refte ;
Elle va me guider dans les détours fecrets
Que mon reffentiment emploîra déformais
Pour perdre près du Roi l'objet que je détefte.
Lorfque ces jours derniers, prenant le ton d'ami,
Je te follicitai d'envoyer une lettre
A l'un de tes coufins, qui fert chez l'ennemi,
　　Je me chargeai de la faire remettre ;
Mais j'ai fu la garder ; (*montrant un papier*) & voilà,
　　　Trenck, voilà
Une fauffe réponfe enfin qui te perdra.
Notre Roi va la lire, & croire, en fa furie,
Que le perfide Trenck a trahi fa patrie. —
　　AIR : *Non, non, je ne crains perfonne.* (5 mefures.)

❧

　　Non, il n'eft pas à mes yeux
　　De plus douce jouiffance,
　　Que de fe venger, je penfe,
　　　D'un objet odieux ! — (5 mefures.).
　　　　　A 5

Ah ! je fens que la vengeance
Eft un plaifir digne des Dieux ! —

(11 *mefures.*)

Malheureux, c'en eft fait ;
Oui, je vais de tes jours enfin trancher la trame. —

(5 *mefures.*)

Meurs, meurs, infâme ! — (5 *mefures.*)
Et mon cœur eft fatisfait. — (12 *mefures.*)

Ce n'eft que vers la nuit que Trenck peut revenir.
Le Monarque à préfent eft tout feul dans fa tente ;
Courons-y, contentons ma haine impatiente,
Et faififfons l'inftant qui paroît me fervir. (*Il fort.*)

S C E N E   V.

UNE VIVANDIERE, UN SOLDAT, *ivre.*

La Vivandiere, *fe fauvant.*

Laissez-moi, je meurs de peur !

Le Soldat.

Arrêtez, mon p'tit', Monfelle,
L'y être belle comme in cœur !
Oui, comme in cœur l'y être belle.

La Vivandiere.

Laiffez-moi, vous dis-je, ou vraiment
Je vais appeller ma mere.

LE SOLDAT.

Eh ! quelle être ç'te maman ?

LA VIVANDIERE.

C'eſt une vivandiere
De votre régiment.

LE SOLDAT.

Dans çti cas là, mon chere,
Ne craindre pas pli d'accident
Qu'il n'en arrive à ton mere.

LA VIVANDIERE.

Quittez ma main.

LE SOLDAT.

Eſt-ce donc trop oſer,
Que de dimander in baiſer ?

SCENE VI.

LES MÊMES, UN AUTRE SOLDAT, *ivre.*

LE SECOND SOLDAT.

LA, là, doucement, s'il vous plaît,
Doucement, mon camarade ;
Point d'escapade,
Je protége ce cher objet.

LA VIVANDIERE, *au ſecond Soldat.*

Monſieur, je vous prie,
Laiſſez-moi m'en aller.

A 4

LE SECOND SOLDAT.

Non , reſtez là , ma mie ,
Je veux vous parler.

(*La careſſant.*)

Qu'elle eſt gentille !
Que ſon œil brille !

LE PREMIER SOLDAT.

Oh ça , l'ami , dis donc ,
Eſt-ce tout di bon
Que toi vouloir m'enlever ce tendron ?

LE SECOND SOLDAT.

Aſſurément !

LA VIVANDIERE, *effrayée.*

Point de querelle !

LE PREMIER SOLDAT, *au ſecond.*

Laiſſe là ce petit , Monſelle ,
Ou ce ſabre te ſervira !

(*Il tire ſon ſabre.*)

LA VIVANDIERE.

Je ſuis morte !

LE SECOND SOLDAT, *au premier.*

Tu badines !
Mort non pas de mille faſcines !
Si tu viens on te recevra.

(*Il tire ſon ſabre.*)

LE PREMIER SOLDAT, *portant un coup de flanc,*
au second.

Pare celle-ci.

LE SECOND SOLDAT, *portant un coup de tête.*

Pare celle-là.

(Ils se remettent en garde & se mesurent de l'œil,
tandis que la jeune Vivandiere dit ce qui suit.)

LA VIVANDIERE.

La force m'abandonne ;
Ménagez vos jours ;
Ne viendra-t-il personne ?
Au secours, au secours.

(Elle se sauve.)

SCENE VII.

LES DEUX SOLDATS, *ensemble.*

UNE ! deux ! . . . . Ah ! . . . .

(Ils se portent un coup passé qui les fait tomber sur leurs
sabres. Dans cette position, & retournant seulement
la tête du côté opposé pour se regarder, ils conti-
nuent ainsi.)

LE PREMIER SOLDAT.

Le petite Donzelle
Enfile le venelle !

LE SECOND SOLDAT.

Oui , vraiment !

LE PREMIER SOLDAT.

C'eſt ton faute.

LE SECOND SOLDAT.

C'eſt le tienne.

LE PREMIER SOLDAT.

Non aſſurément.
Ce n'être pas le mienne.

LE SECOND SOLDAT.

Que faire ?

LE PREMIER SOLDAT.

Veux-tu m'en croire ?
Nous avons sottement
Manqué le bon moment.
Rangainons , puis allons boire.

LE SECOND SOLDAT.

Rangainons , puis allons boire.

LE PREMIER SOLDAT.

Bien dit. Allons-nous repoſer foudain
A l'ombre d'ine treille ;
Et banniſſons notre chagrin
En buvant ine bouteille
D'in excellent brandevin.

(*Ils ſortent , ſur l'air :* Lampons , lampons.)

SCENE VIII.

Une troupe de Soldats les armes hautes, le tambour battant & le drapeau déployé, précedent Trenck. Il vient, suivi de plusieurs Officiers.

UN OFFICIER.

CÉLÉBRONS tous la derniere conquête
    Qui vient de nous couvrir d'honneurs !

Quand Trenck marche à notre tête,
Nous fommes sûrs d'être vainqueurs.

TRENCK, *aux Soldats.*

Amis, mes chers amis, cet éloge m'eft doux,
Lorfque je le reçois de braves tels que vous !
    Mais aujourd'hui ne parlons plus de guerre,
C'eft affez fignaler votre valeur guerriere ;
Allez jufqu'à demain vous livrer au repos.
A la pointe du jour, rangés fous nos drapeaux,
Vous viendrez avec moi, pleins d'une noble audace,
Forcer les ennemis à nous céder la place. —

SCENE IX.

LES MÊMES; TRUSTEN, *suivi d'un déta-*
chement de Huffards, entrant fur un morceau de
mufique animé.

TRUSTEN, *à Trenck.*

AH ! Trenck, mon cher Baron, de quel funeſte
emploi
Je ſuis auprès de vous chargé par notre Roi !

TRENCK, *étonné.*

Expliquez-vous, & que voulez-vous dire ?

TRUSTEN.

J'ai l'ordre de vous conduire
A la citadelle.

TRENCK.
Moi !
Eh ! quel eſt le motif de cet ordre ſévere ?

TRUSTEN.

Je l'ignore.

TRENCK.

Comment, quel eſt donc ce myſtere !
Qui peut autoriſer à me traiter ainſi ?
(*A part.*)
Dans l'eſprit de mon Prince un traître m'a noirci,
Je n'en ſaurois douter. (*Haut.*) Je vais, en aſſurance,

Prouver au Roi que Trenck jamais
Ne mérita que ses bienfaits.

TRUSTEN.

Vous ne sauriez jouir de sa présence,
L'ordre est que vous me suiviez.

(Les Huffards font un mouvement pour s'approcher du Baron de Trenck ; auffi-tôt les Soldats de celui-ci fe mettent devant lui, en préfentant fiérement leurs bayonnettes aux Huffards.)

UN BAS OFFICIER, *aux Huffards.*

Le premier qui s'avance,
Nous l'étendons mort à nos pieds.

TRENCK, *à fes Soldats en paffant devant eux.*

Ne faites point de réfiftance ;
Eh ! qui pourroit m'effrayer ?
Mes amis, ma feule innocence
Saura me juftifier. —

AIR : *Les Soldats du Baron reportent leurs armes, les Huffards s'avancent, Trenck remet fon épée à Truften. On l'emmene ; la troupe fuit en défilant.*

Fin du premier Acte.

ACTE II.

SCENE PREMIERE.

Le Théâtre repréfente la chambre d'une citadelle.
A gauche eft un banc de bois , & fur la droite
une table & une chaife.

DEUX PORTE-CLEFS.

LE PREMIER, *portant une cruche & un balai.*

Oui, c'eft ici , viens çà ; fuis-moi Jacquot.
Eh bien voyez comme il avance !
(*Appellant.*)
Jacquot !

LE SECOND, *portant des draps fous fon bras & un*
trouffeau de clefs à fa main.

Là, là, tout doux ; un peu de patience!
Je ne fuis pas preffé.

LE PREMIER.

Ne fais-tu pas, Lourdaud!
Qu'il faut, en toute diligence,
Préparer cette chambre ?

LE SECOND.

Eh ! pour qui donc ?

LE PREMIER.

Tantôt

N'as-tu pas vu ce Militaire ?

LE SECOND.

Oui, vraiment !

LE PREMIER.

Eh ! bien, c'eſt pour lui.

LE SECOND.

Notre nouveau penſionnaire ?

LE PREMIER.

Juſtement ; on le met ici
Pour appaiſer les feux de ſa jeune cervelle.

LE SECOND.

Qu'a-t-il donc fait ?

LE PREMIER.

Tu l'ignores ?

LE SECOND.

Ma foi !

LE PREMIER.

Une épée à la main, portant par-tout l'effroi,
Hier cet Officier force la ſentinelle,
La renverſe à ſes pieds, s'élance dans la cour,
Bleſſe qui lui réſiſte ; & de la citadelle
Alloit ſe ſauver, en plein jour,

Lorfque, pour l'arrêter dans fa belle efcapade,
Paroiffent vingt Soldats. Voyant qu'il eft perdu,
   Il franchit la paliffade,
Son pied s'y trouve pris ; il refte fufpendu.
   Dans une cage nouvelle
On faura déformais mettre ce bel oifeau.
Il peut chanter, fi fon langage eft beau ;
Mais pour voler, néant, on va lui couper l'aile.

LE SECOND.

Si tu parles tout de bon,
Il m'a l'air d'être un luron !

LE PREMIER.

Oh ! oui, c'eft un luron !
Et qui fe bat fans gêne.
Appliquer un foufflet, & percer la bedaine
N'eft pour lui qu'un amufement.

LE SECOND.

C'eft donc un mauvais garnement ?

LE PREMIER.

Non pas, vraiment !
C'eft un brave Militaire
Qui s'eft fignalé dans la guerre.

LE SECOND.

Puifque tu le connois ainfi,
Du motif qui l'amene ici,
Tu peux m'inftruire ?

LE PREMIER, *à part.*

Mon camarade eft curieux !

(*Haut.*)

Tu n'as rien entendu dire

Sur ce qui le tient en ces lieux ?

LE SECOND.

Non, rien du tout.

LE PREMIER.

Et tu voudrois l'apprendre ?

LE SECOND.

Affurément. . . . Dis donc.

LE PREMIER, *regardant derriere lui avec myftere.*

Ne peut-on nous entendre ?

LE SECOND.

Non, parle.

LE PREMIER.

Tu le veux ? Hé bien !. . .

LE SECOND.

Hé bien !

LE PREMIER.

Hé bien !. . . je n'en fais rien.

LE SECOND.

A-t-il de l'or ?

LE PREMIER.

Beaucoup ! Il fait de la dépenfe,

B

LE SECOND.

De lui l'on aura soin,

LE PREMIER.

Et nous ferons bombance.

ENSEMBLE.

Vive le nouveau prisonnier,
Nous allons boire à ce guerrier.
(Ils sortent sur l'AIR : Aussi-tôt que la lumiere.

SCENE II.

TRENCK, seul.

AUROIS-JE jamais dû m'attendre
Au malheur qu'on me fait subir ?
Je me plains de mon sort, & je desire apprendre
Quel sujet, en ces lieux, me contraint à languir !
Et mon juge me fait entendre
Que l'on doit ainsi punir
Celui qui cherche à trahir
Son Prince, au lieu de le défendre. —
AIR : Qu'ai-je donc fait qui les offense ? (10 mesures.)

Qui, moi ! me croire capable
De vouloir trahir mon Roi ?
A ce soupçon qui m'accable,
Je me sens glacer d'effroi ! — (6 mesures.)
Moi ! qu'on a vu, plein de courage,
Parmi des escadrons poudreux,

Braver les feux
Et le carnage,
Pour foutenir contre nos ennemis
La caufe de mon pays. — (12 *mefures.*)

Que mon fort eft cruel pour une ame fenfible.
Si cet afyle encor pouvoit être acceffible
A l'objet féduifant qui regne dans mon cœur !
Amante infortunée ! ô ma tendre Eugénie !
Tu calmerois les maux de mon ame flétrie.
Mais ce frivole efpoir, angmentant ma douleur ;
Me fait envifager l'excès de mon malheur.

SCENE III.

TRENCK, BACH. *Il paroît dans le fond*
de la fcene, & confidere un moment Trenck avant
de parler.

B A C H, *à part.*

LE voilà donc ce Trenck, cet homme valeureux
Qui, dit-on, dans plus d'une affaire,
Vainquit toujours fon adverfaire ?
Parbleu, je ferois envieux
De favoir fi l'on m'en impofe,
Et, pour m'affurer de la chofe
(*Montrant Trenck.*)
Nous battre une fois ou deux.

B 2

TRENCK, *à part.*

Que veut ici ce curieux
Qui me fixe fans me rien dire ?
Sauroit-il mes projets, ou voudroit-il me nuire ?

BACH, *s'approchant un peu.*

Pourroit-on, fans façon,
Saluer Monfieur le Baron ?

TRENCK.

Monfieur, je vous falue.

BACH.

Monfieur s'ennuie en prifon ?
Quand on s'ennuie on s'évertue,
On danfe.... La, la, la, la, la, la. (*Il danfe.*)
Aimez-vous la danfe ?

TRENCK.

Non.

BACH.

Ah !

On chante alors la chansonnette.

(*Il chante.*)

Viens, ma brunette :
Entre le vin & les plaifirs
Partageons nos defirs,
Mon aimable poulette.

Sans doute, vous aimez le chant ?

TRENCK.

Non.

BACH.

C'eſt tout différent !
Qu'aimez-vous donc ?

TRENCK.

Qu'on me laiſſe tranquille.

BACH, *à part.*

Bon ! il commence à s'enflammer.
(*Haut.*)
Enſemble nous allons fumer ;
A fumer je ſuis très-habile.

TRENCK, *à part.*

Ce maudit importun
Va faire manquer ma fuite.

BACH.

Voilà notre pipe à chacun.
(*Préſentant deux pipes à Trenck.*)
Allons fumez.... fumez donc vîte.

TRENCK, *à part.*

Je ne ſaurais plus long-tems retenir
La colere qui me tranſporte !
(*Haut*).
Fumer n'eſt pas mon deſir,
Et vous m'obligeriez ſi vous pouviez ſortir.

BACH, *à part.*

Bon! je le voulois de la ſorte.
(*Faiſant les geſtes d'un homme qui tire l'épée.*)
Et nous allons nous divertir !

(*Haut.*)

Quand on me fait ainsi sortir,
Il faut qu'avec moi l'on sorte.

T R E N C K.

Si j'étois hors d'ici,
En recevant le prix d'une telle arrogance,
Vous sentiriez l'imprudence
D'un semblable défi.

B A C H, *à part.*

Bonne affaire !
Il est en colere,
Et nous allons nous battre enfin.

T R E N C K, *à part.*

Il extravague !

B A C H.

On vante votre adresse,
Soit ; mais je vous confesse
Qu'aux armes je suis un peu fin !

T R E N C K.

D'une épée armez ma main,
Je satisferai votre envie.

B A C H.

A cet endroit restez donc, je vous prie,
Et j'en apporte deux soudain.

(*Il sort.*)

SCENE IV.

TRENCK, *feul.*

Que cet original m'a fu caufer d'ennui !
Je craignois que fa préfence
Ne rompît mon intelligence
Avec l'officieux Schell. ... Mais, bon ! le voici.

SCENE V.

TRENCK, SCHELL.

SCHELL.

Tandis que dans le filence
Se repofent vos gardiens,
Je puis vous dire, en affurance,
Que vous conferviez l'efpérance
De voir brifer vos liens.

TRENCK.

Eh ! par quel heureux miracle
Pourroit-on lever l'obftacle
Qui s'oppofe à mon defir ?

SCHELL.

On faura vous faire fortir.

B 4

TRENCK.

Ignorez-vous, mon brave camarade,
Que depuis mon évasion
On a doublé la garde
De cette affreuse prison?

SCHELL, *sur le même ton.*

Ignorez-vous, mon brave camarade,
Que l'or fait mettre à la raison
La plus nombreuse garde
De la plus forte prison?

TRENCK.

Je ne possede rien.

SCHELL, *lui donnant une bourse.*

Voilà mille pistoles,
Agissons, & treve aux paroles.

TRENCK.

De qui tenez-vous cet or?

SCHELL.

D'une personne chérie
Qui veut changer votre sort.

TRENCK.

Je vous entends.... c'est Eugénie.
Distribuez-le tout adroitement
Aux gardes en ce moment.
Je m'en rapporte à votre zele.

SCHELL.

Comptez sur un ami fidéle.

TRENCK.

Je vais donc échapper enfin
Au pouvoir de la tyrannie !
Oui, j'abandonne une ingrate patrie,
Pour jouir déformais d'un plus heureux deftin.

SCHELL.

Banniffez toute inquiétude,
Cher Trenck. Avant de vous quitter,
Pour calmer les ennuis de cette folitude,
Je veux vous préfenter
Un nouvel Officier de garde.
C'eft un charmant garçon, & que vous aimerez,
Je fais certain, dès que vous le verrez.
Il faura nous fervir.

TRENCK.

De le voir il me tarde !

SCHELL, *voyant approcher Eugénie.*

Le voici : je vous laiffe & je vais m'occuper
Des moyens les plus prompts de vous faire échapper.
Comptez fur les efforts d'une amitié conftante.

(*Il fort.*)

SCENE VI.

TRENCK, EUGÉNIE, *enveloppée d'un large manteau d'ordonnance, et la tête cachée sous un chapeau rabattu.*

TRENCK, *à Eugénie.*

Soyez le bien venu lorsque Schell vous préfente.
Puifque dans nos projets vous vous joignez à nous,
  Je fuis bien sûr de rencontrer en vous
Un véritable ami?

EUGÉNIE, *fe découvrant.*

  Non... une tendre amante.

TRENCK.

Eugénie?

EUGÉNIE.

  Elle-même.

TRENCK.

  Eugénie en ces lieux!
Eft-ce une illufion, en croirai-je mes yeux?
  Mais ces foldats font tous inexorables!
Si l'on t'appercevoit?

EUGÉNIE.

  Ils ne me verront pas;
Va, ne crains rien, mon or les a rendu traitables.
Je puis en liberté te preffer dans mes bras.

TRENCK.

Ah ! combien je rends grace à l'heureux stratagême
    Que fut inventer l'amour,
    Pour m'approcher de ce que j'aime !

EUGÉNIE.

Lorsque je te revois, cher Trenck, ah ! que mon cœur
Partage le transport d'un moment si flatteur.

TRENCK.

Faut-il que ce moment, qui me comble d'ivresse,
Se trouve empoisonné par la sombre tristesse
De me voir renfermé dans ce séjour d'horreur,
Où, sans toi, je gémis, en proie à ma douleur.

EUGÉNIE, *avec véhémence.*

Toi, gémir ! Trenck, gémir ! où donc est ta valeur ?
Et qu'est donc devenu ce courage intrépide
Qui te couvrit de gloire & fut toujours ton guide ?
Vois d'un œil sans effroi cette calamité ;
Crois que l'Etat se plaint de ta captivité.
Infortuné jouet d'un coupable artifice,
Le Roi qui te punit connoîtra son erreur.
Bientôt la vérité confondra l'injustice ;
Et Trenck, Trenck innocent, au faîte du bonheur,
Brillera vertueux, en terrassant le vice.

TRENCK.

Je connois Eugénie à de tels sentimens.
    Mais, femme rare autant qu'intéressante,

Ne fais-tu pas que, de tout tems,
La vérité bienfaisante
N'approcha point des grands. —

AIR : *L'amour & ma foi, m'unit avec toi.*

EUGÉNIE.

Près de ton juge encor je vais tout entreprendre.
S'il m'ose refuser, s'il ne veut pas m'entendre,
Je cours aux pieds du Roi ; j'embrasse ses genoux,
Il faudra qu'il m'écoute... & , calmant son courroux,
Je vois déja sa bouche, ouverte à la clémence,
Me dire : Allez vers Trenck, allez ; apprenez-lui
Que je l'aime toujours, que son Prince aujourd'hui
Lui rend, avec l'honneur, toute sa bienveillance.

TRENCK.

Vain espoir !

EUGÉNIE.

L'heure presse, il est tems de sortir.
Lorsque je mets ma gloire à te servir,
Repose-toi sur ma persévérance ;
La justice et l'amour sauront nous réunir. —

AIR : *Un matin brusquement.*

(*Elle presse Trenck dans ses bras, s'enveloppe dans son manteau, & s'éloigne.*)

SCENE VII.

TRENCK, *seul.*

C'EST en vain que son cœur se livre à l'espérance ;
De ma captivité sachons nous affranchir.

Bientôt, fur une autre terre,
Je prouverai qu'à la fleur de mes ans,
Mon bras étoit fait pour la guerre ;
Qu'en butte aux propos des méchans,
On devoit pefer mieux le rapport d'un fauſſaire,
Et que, loin de hâter un cruel jugement
En ſon injuſte colere,
Mon Roi n'auroit pas dû ſi précipitamment
Ecouter le coupable & punir l'innocent.

SCENE VIII.

TRENCK, BACH, *tenant deux épées.*

BACH.

En voilà deux ; voyons, mon vaillant camarade,
Si vous favez avec honneur
Soutenir la valeur
Dont vous faites parade !
En garde.

TRENCK.

M'y voici .... Vous allez me connoître.

(*L'orcheſtre exécute un air de combat, pendant lequel ils ſe fourniſſent, de part & d'autre, pluſieurs coups, parés & rendus. Enfin Bach s'abandonne ſur un coup droit ; Trenck pare prime, & eſt cenſé percer le bras de Bach ſur la ripoſte de ſeconde.*)

BACH.

Je suis blessé !

TRENCK, *froidement.*

Je le croi.

BACH, *avec feu, & jettant son épée.*

Je vous reconnois pour mon maître,
Trenck, embrassez-moi.

TRENCK.

De tout mon cœur. Mettez-vous sur ce banc,
Que j'arrête le sang
De cette légere blessure.

(*Il lie son mouchoir autour du bras de Bach.*)

BACH, *avec chaleur.*

Je fais ici serment,
Oui, Trenck, je vous jure,
De vous aider à fuir,
Ou d'y périr.
Comptez sur ma promesse
Et sur mon intrépidité ;
Je veux que dès aujourd'hui cesse
Votre affreuse captivité.

SCENE IX.

LES MEMES, SCHELL, *un fabre à la main.*

SCHELL, *accourant.*

Un garde nous trahit. J'ai voulu le pourfuivre,
Mais il vient d'échapper à mon reffentiment ;
  Sans différer, il me faut fuivre.
   (*Donnant un fabre à Trenck.*)
Armez-vous, profitons du trouble du moment.
Vous pouvez vous fouftraire à ce féjour funefte ;
Forçons vos gardiens, affrontons les dangers !
  Pour vous, leurs coups feront légers :
La valeur vous conduit ; le fort fera le refte.

TRENCK.

Ah ! généreux ami, que ne vous dois-je pas !
Oui, venez avec moi, fecondez mon courage ;
A travers ces foldats, faifons-nous un paffage,
Et que tout tremble & cede aux efforts de nos bras.
(*Schell met le fabre à la main, & fait un pas pour*
 fortir avec Trenck.)

BACH, *ramaffant fon épée.*

De me joindre à vous deux laiffez-moi l'avantage.

SCENE X.
LES MÊMES.

AIR : *La porte de la chambre s'ouvre ; plusieurs*
Soldats se présentent la bayonnette au fusil, pour s'op-
poser à leur sortie. Ils sont repoussés. Ils reviennent sur
Trenck, qui, redoublant d'efforts, ainsi que Schell &
Bach, les font tout-à-fait disparoître. Le théâtre
change & représente la campagne. Il est presque nuit.
Dans le fond on voit la citadelle de Glatz, à laquelle
tient un pont de pierre, formé d'une grande arche, au
bas de laquelle est un fossé & des palissades, en avant.
Trenck & Schell paroissent sur ce pont luttant vigoureuse-
ment contre des Soldats armés, qui les chargent vivement.
Schell tue celui qu'il combat, & il le fait tomber sur
le parapet. Dans le même moment Trenck en désarme
un autre, lui passe son épée à travers le corps & le
précipite dans le fossé. Le reste prend la fuite. Trenck
& Schell se croient libres ; mais d'autres Soldats s'oppo-
sent à leur passage du côté opposé ; ils les repoussent,
& ensuite Trenck & Schell se jettent dans ce même
fossé, pour éviter toute poursuite. Schell en tombant
fait un cri qui annonce qu'il s'est blessé. Trenck le prend
dans ses bras, le passe par-dessus la palissade, qu'il
escalade ensuite. Schell reste étendu au pied des palissades.

SCHELL.

JE ne saurois marcher ; la garde peut nous suivre ;
Prends mon sabre, tiens, prends, termine ma douleur ;
Je meurs content si Trenck échappe à son malheur.

TRENCK.

TRENCK.

Que dis-tu ? ciel ! à quel excès te livre
Ta tendreſſe pour ton ami ?
Va , Trenck ne ſauroit te ſurvivre ;
Il faut qu'enfin aujourd'hui
Il triomphe avec Schell , ou ſuccombe avec lui.

(*Trenck prend Schell ſur ſes épaules , & le porte ſur*
un tronc d'arbre qui ſe trouve dans un des coins de
la ſcene. Pendant cette action animée par de la
muſique, on entend le canon d'alarme.)

TRENCK.

Reſtez là , mon ami , nous n'avons rien à craindre.
Ceux qui nous pourſuivoient ſont morts, ou loin de
nous.
L'approche de la nuit favoriſoit nos coups.
Quand je ſuis libre , hélas ! quand rien ne ſauroit
peindre
Le bonheur dont je jouis,
Il faut que j'aie à plaindre
Le meilleur de mes amis.

SCHELL.

Que votre cœur ſe raſſure,
Cher Trenck ; en ſautant ce foſſé ,
J'ai mal pris mon élans, & mon pied s'eſt froiſſé ;
Voilà toute ma bleſſure.
Un moment de repos ſaura me ſoulager.

TRENCK.

Faut-il que chez l'étranger
Nous nous voyions contraints à chercher un aſyle ;

C

Tandis que notre bras pouvoit se rendre utile
A ceux dont la fureur nous force à nous venger.

SCHELL.

Je vais embrasser une mère,
Un vieillard, un tendre pere,
Qui, loin de moi, depuis vingt ans,
Jouiront du destin prospere
De revoir un de leurs enfans.

TRENCK.

Quand le malheur nous rassemble
Désormais que craindrions-nous ?
Deux amis qui souffrent ensemble,
Du destin rigoureux savent braver les coups. —

AIR : *Tandis que Trenck & Schell se tiennent embrassés, une troupe de Soldats vient, tout-à-coup, tomber sur Trenck, & ne lui laissant pas le tems de ramasser son sabre, qui est à terre, on l'entraîne. Schell, se soutenant à peine, veut venger son ami ; il est enveloppé de plusieurs Soldats, qui l'obligent à s'eloigner de Trenck. Ce dernier fait un effort, s'échappe des mains de ceux qui le tenoient ; veut ramasser son sabre ; il en est empéché ; il veut se saisir de l'épée d'un des Soldats ; il lutte avec lui. Tous se réunissent pour lui faire lâcher prise, & le tenant d'une main, & lui présentant de l'autre la pointe de leur arme sur le sein, le contraignent à les suivre.*

Fin du second Acte.

ACTE III.

(Le théâtre repréſente un cachot dans lequel eſt le Baron de Trenck, chargé de chaînes. Il eſt debout, le bras droit appuyé ſur un pan de mur, tel enfin qu'on le voit dans l'eſtampe qui eſt à la tête de ſes mémoires.)

SCENE PREMIERE.

TRENCK, ſeul.

Dans cet affreux cachot ſuis-je donc condamné,
Victime de l'envie, à périr enchaîné ?
Sous cette voûte à peine une foible lumiere
    Vient-elle frapper ma paupiere.
Peut-être en cet inſtant un ennemi pervers,
  Qui m'a calomnié, qui cauſe mes ſouffrances,
    Obtient d'injuſtes récompenſes,
Quand l'innocent gémit ſous un amas de fers.
Voilà donc le deſtin des maîtres de la terre !
Ecoutant les conſeils d'un vil adulateur,
Ils ſe privent du bien que leurs mains pourroient faire,
Et foulent leurs ſujets ſous le poids du malheur.
Du moins, je ſentirois ſoulager ma miſere,
Si je pouvois revoir celle qui m'eſt ſi chere. —
    Air : *Une fievre brûlante.*   (8 meſures.)

Tendre Eugénie,
Reçois les derniers adieux
D'un malheureux
Condamné, je le vois, à terminer sa vie
Dans ce séjour affreux. — (*4 mesures.*)
De mes hauts faits, de ma vaillance,
Voilà donc la récompense ?
Aurois-je pu le prévoir.
Sous ces énormes chaînes,
L'excès de mes peines
Va me réduire au désespoir. —

(*8 mesures.*)

Grace à Géfhart, j'ai trouvé les moyens
De limer sourdement tous ces honteux liens ;
Remis artistement dès que le jour commence,
Malgré leur prévoyance
Jusqu'alors mon adresse a trompé mes gardiens ;
Détachons ces chaînes cruelles ! —
A I R *d'action.* (*4 mesures.*)
Délivrons-nous de ces fers odieux. —
(*4 mesures.*)

(*Il jette ses chaînes à terre.*)
Ici tout est silencieux,
Je suis loin de mes sentinelles ; —
(*2 mesures.*)
Revoyons les progrès
Que la nuit passée
Avec efforts j'ai faits
Pour rendre ma fuite aisée. —
(*4 mesures.*)

(Il dérange l'efcabeau deftiné à l'affeoir, & eft cenfé regarder le trou qu'il a creufé.)

Bon ! je puis par ce fouterrein
Me dérober enfin
A la plus injufte vengeance. . . —
Air *d'un mouvement plus animé.* (4 *mefures.*)
(On entend un bruit de clefs.)

J'entends du bruit. — (2 *mefures.*) Faifons
filence. — (4 *mefures.*)
(Le bruit redouble..)

On approche . . . A cette heure-ci
Que me veut-on ? Recouvrons ceci,
Et reprenons nos fers. — (12 *mefures.*)

(Il rattache ses chaînes & s'affied. On entend ouvrir plufieurs portes de fer. Enfin le cachot s'ouvre. Un Officier paroît fuivi de Soldats, de deux Serruriers, & de Guichetiers, portant des flambeaux.)

S C E N E I I.

TRENCK, UN OFFICIER, SOLDATS, SERRURIERS, GUICHETIERS.

TRENCK.

Barbares ! que voulez-vous ?
Frappez, j'attends vos coups.

C 3

L'OFFICIER.

Banniffez toute défiance :
Le Prince veut que déformais
Vous foyiez heureux à jamais ;
Il reconnoît votre innocence,
Et vous comble de fes bienfaits.

TRENCK.

Eft-il poffible
Que guidé par fon cœur,
Un Prince fenfible
Me rende au bonheur !

*Morceau de mufique qui exprime l'étonnement & le con-
tentement du Baron. On lui lime fes chaînes. Il fort en
s'applaudiffant d'être rendu à la liberté & au bonheur.*

(*Le théâtre change, & repréfente la place publique
de Magdebourg.*)

SCENE III.

SCHELL, SON PERE, SA MERE, *vêtus
en payfans, & comme des gens malheureux.*

SCHELL.

MEs chers, mes bons parens, je vous revois enfin
Après un fi long tems d'abfence ;
Que je bénis la Providence
Qui m'a fait dans ces lieux vous trouver ce matin.

LA MERE.

Combien tu nous caufas de larmes,
Depuis qu'on nous apprit que de cette prifon
Où tu fus mis en garnifon,
Tu t'enfuis, toi fecond, à la faveur des armes.

LE PERE.

Quel étoit ton deffein?

SCHELL.

Ah! j'ai tort à vos yeux,
Mais daignez m'écouter, & vous verrez enfuite
Que votre cœur généreux,
Comme à moi, vous auroit infpiré cette fuite.

LE PERE.

Parle, inftruis-moi, mon cher enfant,
J'ai déja du plaifir à te croire innocent.

SCHELL.

Soit jaloufie, ou foit malice,
Le dur Major fous lequel je fervois,
Se plaignit que je faifois
Très-négligemment mon fervice.
Le même jour, mon Commandant,
Sans examiner feulement
Si j'avois tort ou non, fe permit l'injuftice
De m'envoyer, en garnifon
A Glatz, garder la citadelle.
J'étois piqué d'un pareil traitement;
J'aurois voulu me venger; mais comment?

J'en trouvai le moyen. Là, dans une tourelle
Trenck étoit renfermé. Ce guerrier plein d'honneur
Gémiſſoit ſous le poids d'un pouvoir oppreſſeur.
Mon dépit d'un côté, le deſir d'être utile,
   Ces deux ſentimens dans mon cœur
   M'animoient ; il lui fut facile
De rencontrer dans Schell un zélé défenſeur.
Nous convenons de tout, nos meſures ſont priſes,
  Un traître fait manquer nos entrepriſes ;
Mais la valeur enfin ſecondant nos projets,
Le jour de notre fuite eſt un jour de ſuccès.

L E P E R E.

   Oui, j'approuve, mon cher fils ;
   Et ta conduite & ta vaillance ;
  Il eſt bien doux d'acquérir des amis
   En protégeant leur innocence.
Schell, je le ſens, j'aurois fait comme toi,
J'aurois ſauvé l'honneur aux dépens de ma vie ;
   J'en engage ici ma foi ;
   Quoique la fortune ennemie
   Me prouve à chaque moment
   Qu'elle protége le méchant,
   Tandis que l'ingrate oublie
   L'honnête homme indigent.

S C H E L L.

Du fort auriez-vous à vous plaindre ?

LA MERE.

Par un maudit procès, nous l'avoûrons, sans feindre,
A la mendicité nous nous voyons réduits.

SCHELL, *présentant une bourse à sa mere.*

Prenez ces vingt ducats.

LA MERE, *avec crainte.*

Mais sont-ils bien acquis ?

SCHELL, *piqué.*

Un pareil doute m'offense.
(*Avec sentiment.*)
Prenez cet or, ne craignez rien ;
Je le dois à la bienfaisance
Du généreux ami dont je fus le soutien.

LE PERE.

Est-il loin ?

SCHELL.

Jugez-en par toute ma tristesse !
Dans le plus noir cachot, en proie à sa détresse,
Il gémit du malheur qui sut le terrasser.

SCENE IV.

LES MÊMES, EUGÉNIE, *accourant.*

E U G É N I E.

Ah ! Schell, vous me voyez au comble de l'ivreſſe ;
Trenck eſt libre, & bientôt nous pourrons l'embraſſer.

S C H E L L.

Eſt-il bien vrai ? puis-je livrer mon cœur
A l'eſpoir enchanteur
Que porte dans mes ſens une telle allégreſſe ?

E U G É N I E.

Oui, félicitez Eugénie,
Sur le bonheur qui l'attendoit,
Lorſque ſon ame flétrie
A la douleur s'abandonnoit.
Du tendre amour qui la preſſe
Le deſtin n'eſt plus irrité ;
Elle peut en liberté
Faire éclater ſa tendreſſe.
Par un ordre du trône, ôté de ſa priſon,
Pour nos communs plaiſirs, Trenck revoit la lumiere,
Le Roi lui rend ſes biens & ſa faveur ſi chere !
Il va paroître ici, dit-on.

S C H E L L.

Courrons tous au-devant.   (*Ils ſortent.*)

E U G É N I E.

J'y vole la premiere.

SCENE V.

(Marche militaire, précédée d'une musique brillante. Les Officiers font ranger leurs troupes de droite & de gauche ; les drapeaux sont déployés.)

SCENE VI.

(Sur un air qui peint la félicité générale, le Baron de Trenck, paroît en pressant Eugénie contre son sein. Schell présente ses parens à Trenck, qui vole dans leurs bras. Schell va saluer Eugénie ; & tous s'applaudissent de leur commun bonheur.)

SCENE VII.

LES MÊMES, LE GÉNÉRAL, *à Trenck en lui présentant son épée. Un Officier s'approche de lui, & lui remet l'épée de Trenck.*

LE GÉNÉRAL.

TRENCK, approchez : organe du Monarque,
Qu'on vous a vu servir avec ardeur,
Que cet embrassement soit la flatteuse marque
Que l'on vous reconnoît pour un homme d'honneur.
(Le Général l'embrasse ; les Soldats portent les armes,

les trompettes *sonnent une fanfare ; on agite l*
drapeaux. Pendant ce tems , le traître Thinski
chargé de chaînes , est amené devant Trenck.)

SCENE VIII.

LES MÊMES, THINSKI.

LE GÉNÉRAL, *à Trenck, montrant Thinski.*

DE ce vil ennemi, l'on a vu l'imposture.
Il va subir le sort qu'attendent les forfaits ;
Au milieu des honneurs, jouissez désormais
D'une félicité durable autant que pure.

TRENCK.

Grace pour ce méchant que mon Prince a banni
  Loin de son auguste personne ;
Je ne sais point haïr. Que mon Roi lui pardonne ;
Par ses remords cuisans il est assez puni.

THINSKI.

Non, garde tes bienfaits ; ils feroient mon supplic
Quand ton bonheur t'arrache à mon noir artifice,
Il ne me reste, hélas! qu'un regret déchirant,
C'est de ne pas te voir à mes yeux expirant.

      (On l'emmene.)

  (*Nouvelle fanfare.*)

SCENE IX ET DERNIERE.

TOUS LES ACTEURS, excepté THINSKI.

TRENCK.

Je vais donc déformais, en dépit de l'envie,
Etre utile à mon Roi, fignaler ma valeur ;
  Ah ! qu'il eſt doux pour un grand cœur
  De pouvoir partager ſa vie
Entre un ami, la tendreſſe & l'honneur.

(*Nouvelle fanfare ; la toile tombe.*)

F I N.

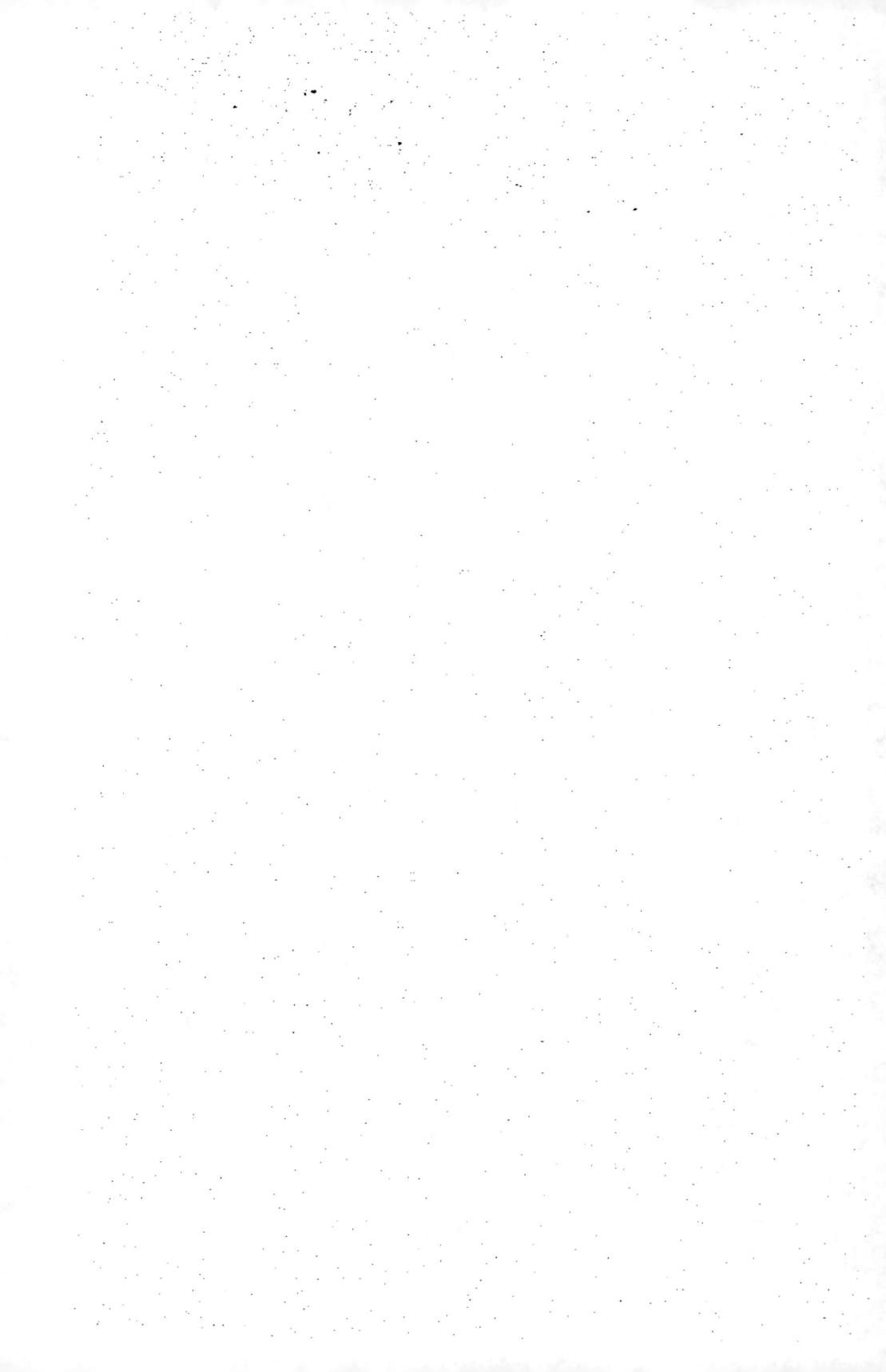

www.ingramcontent.com/pod-product-compliance
Lightning Source LLC
LaVergne TN
LVHW022149080426
835511LV00008B/1345